a skoro - мактаб	2
a koiri - саёҳат	5
a transport - нақлиёт	8
a foto - шаҳр	10
a landschap - ландшафт	14
a restaurant - тарабхона	17
a wenkri - супермаркет	20
a dringi - нӯшокиҳои	22
a nyan - таъом	23
a burugron - ферма	27
a oso - хона	31
a foroisi - мехмонхона	33
a botrali - ошхона	35
a was oso - ҳамом	38
a pikin kamra - ҳуҷраи кӯдакона	42
a krosi - либос	44
a kantoro - идора	49
a ekonomia - иқтисодиёт	51
den kari - касбҳо	53
a wrokosani - асбобҳо	56
den poku sani - асбобҳои мусиқӣ	57
a meti dyari - боғи ҳайвонот	59
a sport - варзиш	62
den aktifiteit - фаъолият	63
a famiri - оила	67
a skin - бадан	68
a ati oso - бемористон	72
a nowtu - ҳолати фавқулодда	76
a grontapu - замин	77
oloisi - вақт	79
a wiki - ҳафта	80
a yari - сол	81
den form - баст	83
kloru - рангҳо	84
difrenti - мухолифат	85
den nomru - ададҳо	88
den tongo - забонҳо	90
suma / sang / fa - ки / чиро / тавр	91
pe - дар кучо	92

Impressum
Verlag: BABADADA GmbH, Nedderfeld 112 , 22529 Hamburg
Geschäftsführer / Verlagsleitung: Harald Hof
Druck: Books on Demand GmbH, In de Tarpen 42, 22848 Norderstedt

Imprint
Publisher: BABADADA GmbH, Nedderfeld 112 , 22529 Hamburg, Germany
Managing Director / Publishing direction: Harald Hof
Print: Books on Demand GmbH, In de Tarpen 42, 22848 Norderstedt

a skoro
мактаб

- prati — тақсим кардан
- a bord — тахтаи синф
- a klas — синф
- a skoro dyari — саҳни мактаб
- a leriman — муаллим
- a papira — коғаз
- a pen — ручка
- a tafra — мизи хатнависӣ
- a lati — ҷадвал
- skrifi — навиштан
- a buku — китоб
- a studenti — талаба

186/2

a skorotas — ҷузвдон

a kisi — қаламдон

a skriftiki — қалам

a srapu — қаламтезкунак

a sisibi — хаткуркунак

a prenki buku — блокноти расмкашӣ

a prenki
расм

a kwasi
мӯқалами рассомӣ

a ferfidosu
қуттии рангҳо

a sisei
қайчӣ

a gomma
ширеш

a skrifbuku
дафтари машқ

a skorowroko
вазифаи хонагӣ

a nomru
рақам

2+2

teri
ҷамъ кардан

5-2

koti
кам кардан

vermenigvuldig
зарб задан

teri
ҳисоб кардан

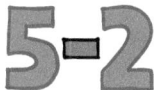

a brifi
ҳарф

a alfabet
алфавит

a wortu
калима

a skoro - мактаб

a wortu
матн

lesi
хондан

a kreiti
бӯр

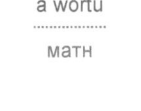
a yuru
дарс

a klasbuku
журнали синфӣ

a examen
имтиҳон

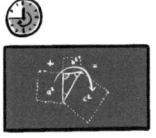
a skoropapira
шаҳодатнома

a sem skoro krosi
либоси мактабӣ

a skoro
таҳсил/маориф

a encyklopedie
энсиклопедия

a unifersiteit
донишгоҳ

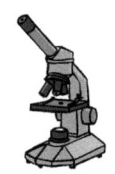
a mikroskoop
микроскоп (more frequently used)

a karta
харита

a doti embre
сабади партофҳои коғазӣ

a skoro - мактаб

a koiri
саёҳат

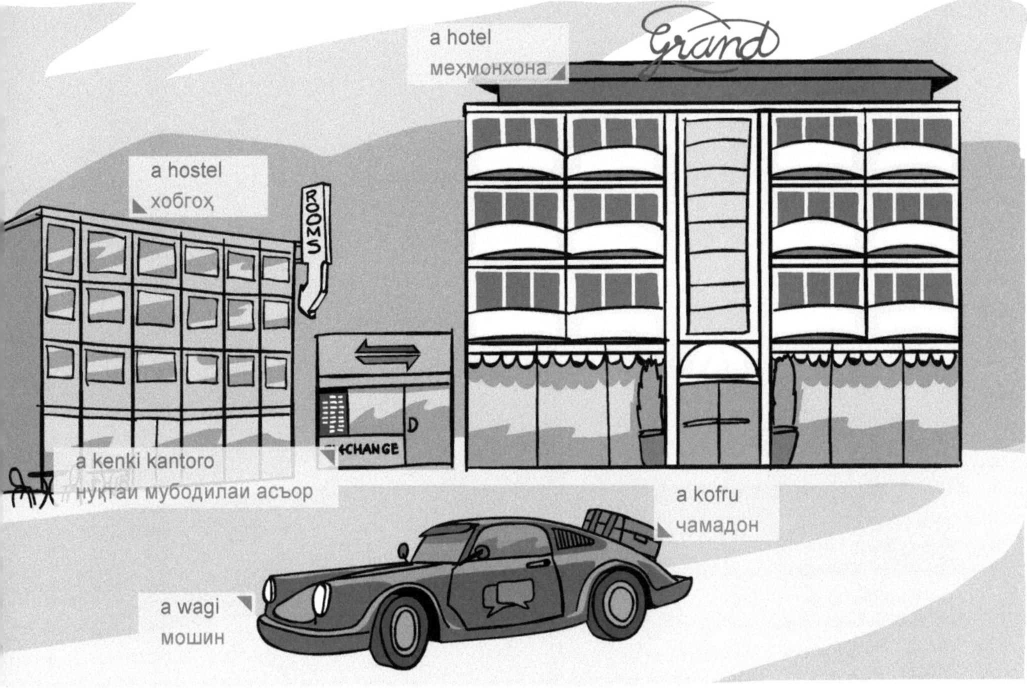

Grand
a hotel
меҳмонхона
a hostel
хобгоҳ
ROOMS
a kenki kantoro
нуқтаи мубодилаи асъор
a kofru
чамадон
a wagi
мошин

a tongo
забон

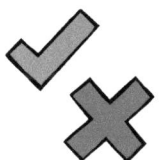

ai / no
ҳа / не

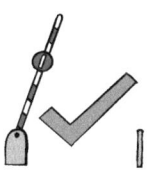

afen
Хуб

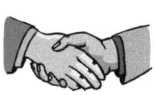

Ei!
Ассалому алейкум

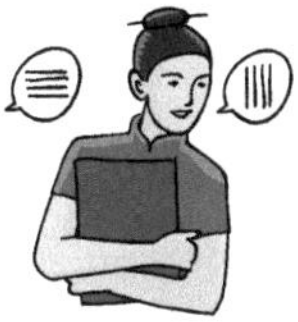

a torku
тарҷумон

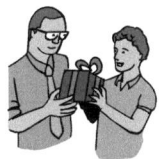

Grantangi
Раҳмат

O meni...?

чӣ қадар аст ...?

Mi ne ferstan

Ман намефаҳмам

a problema

проблема

Kuneti!

шаб ба хайр!

Morgu!

субҳ ба хайр

Kuneti!

шаби хуш

Adyosi!

хайр

a beni

равона

a bagasi

бағоҷ

a tas

ҷузвдон

a tas

борхалта

a fisiti

меҳмон

a kamra

хона

a sribi saka

хобхалта

a tenti

хайма

a koiri - саёҳат

a reiskantoro

маълумоти сайёҳӣ

a sekanti

соҳил

a kreditkarta

корти кредитӣ

a mamanten nyanyan

наҳорӣ

nyanyan

хӯроки пешин

a nyanyan

хӯроки шом

a karta

чипта

a lift

лифт

a stampu

марка

a lanki

сарҳад

a douane

Гумрук

a ambassade

сафорат

a fisa

раводид

a pasportu

шиносномa

a koiri - саёҳат

a transport
нақлиёт

a isrifowru
тайёра

a boto
кишти

a brandweerwagi
мошини сӯхторхомӯшкунӣ

a bus
автобус

a wagi
мошини боркаш

a motro boto
қаиқи моторӣ

a baisigri
дучарха

a wagi
мошин

a pondo

паром

a boto

қаиқ

a motro

мотосикл

a skowtu wagi

мошини полис

a streilon wagi

мошини тезрави пойгаи

a yuru wagi

кирояи мошинҳо

a wagi prati

ҳамроҳ истифодабарии мошин

a takelwagi

эвакуатор

a doti wagi

павтовҷамъкунӣ

a motro

муҳаррик

a oli

сӯзишворӣ

a oli pompu

нуқтаи фурӯши сӯзишворӣ

a ferkeermarki

аломати роҳ

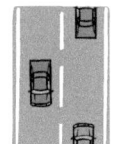

a ferkeer

ҳаракат

a reylo

бандшавии ҳаракати роҳ

a parkeerpresi

ҷои исти мошинҳо

a lokopresi

истгоҳи роҳи оҳан

den rail

роҳи оҳан

a loko

қатора

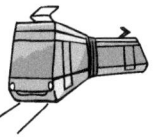

a loko

тамвай

a wagi

вагон

a transport - нақлиёт

a helikopter

чархбол

a opolangi

фурудгоҳ

a fortresi

манора

a pasasir

мусофир

a kontainer

контейнер

a doso

қутии картонӣ

a wagi

ароба

a baskita

сабад

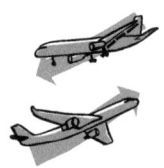

opo go / saka

гирифтан / замин

a foto
шаҳр

a dorpu

деҳа

a fotosei

маркази шаҳр

a oso

хона

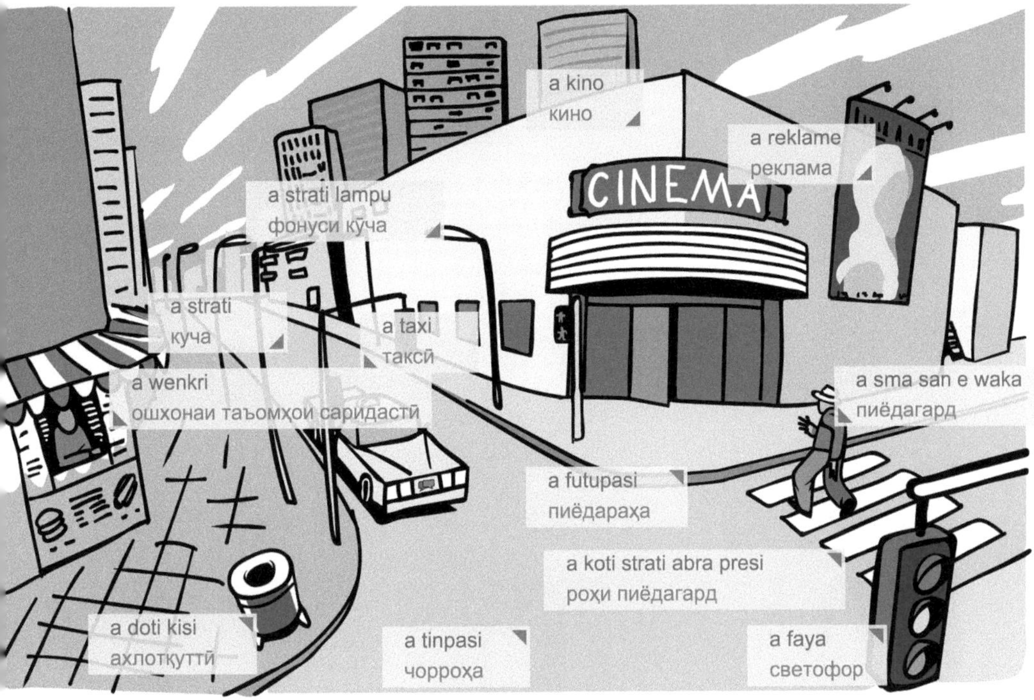

a kino
кино

a reklame
реклама

a strati lampu
фонуси кӯча

a strati
кӯча

a taxi
такси

a wenkri
ошхонаи таъомҳои саридастӣ

a sma san e waka
пиёдагард

a futupasi
пиёдараҳа

a koti strati abra presi
роҳи пиёдагард

a doti kisi
ахлоткуттӣ

a tinpasi
чорроҳа

a faya
светофор

a kampu
кулба

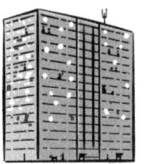

a oso
ҳамвор

a lokopresi
истгоҳи роҳи оҳан

a foto oso
бинои маъмурияти шаҳр

a museum
осорхона

a skoro
мактаб

a foto - шаҳр

a unifersiteit

донишгоҳ

a bangi

бонк

a ati oso

бемористон

a hotel

меҳмонхона

a apteiki

доухона

a kantoro

идора

a buku winkri

сехи китоб

a wenkri

сехи

a bromki winkri

мағозаи гулфурӯшӣ

a wenkri

супермаркет

a wowoyo

бозор

a wowoyo

универмаг

a fisi seri man

мағозаи моҳифурӯшӣ

a bigi wenkri

маркази савдо

a lanpresi

бандар

a foto - шаҳр

a park
парк

a bangi
бонк

a broki
пул

a trapu
зинапоя

a fatyawagi
метро

a ondrogron-strati
нақби

a bushalte
истгоҳи автобус

a bar
бар

a restaurant
тарабхона

a brifibus
қуттии почта

a strati nen marki
аломати номи кӯчаҳо

a parkeer marki
ҳисобкунаки исти мошинҳо

a meti dyari
боғи ҳайвонот

a swen presi
ҳавзи шиноварӣ

a gado-oso
масҷид

a foto - шаҳр

a burugron
ферма

a doti sani
ифлоскунӣ

a berpe
қабристон

a kerki
калисо

a prei presi
майдончаи бозӣ

a gado-oso
маъбад

a landschap
ландшафт

a wiwiri — барг
a pasi marki — аломати роҳнамо
a pasi — роҳ
a wei — алафзор
a ston — санг
a koiri sma — сайёҳ
a libi — дарё
a bon — дарахт
a grasi — алаф
a bromki — гул

a landschap - ландшафт

a lagi presi
водӣ

a lebriki
кӯҳ

a fisi-olo
кул

a busi
беша

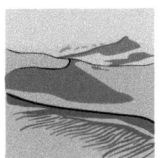
a dreisabana
биёбон

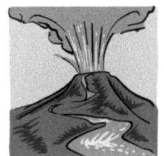
a bergi
вулкан

a ridder-oso
қалъа

a alenbo
рангинкамон

a todoprasoro
занбӯруғ

a palmbon
дарати нахл

a maskita
хомӯшак

a freifrei
паридан

a mira
мурча

a waswasi
занбур

a anansi
тортанак

a landschap - ландшафт

a asege

гамбӯсак

a todo

қурбоққа

a bonboni

санҷоб

a agidya

хорпушт

a kon koni

харгӯш

a owru kuku

бум

a fowru

парранда

a gansi

мурғи қу

a werder agu

хуки ваҳшӣ

a dia

оҳу

a dia

гавазн

a dan

сарбанд

a winti miri

турбина шамол

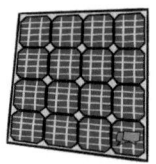

a son planga

панел офтобӣ

a weer

иқлим

a landschap - ландшафт

a restaurant
тарабхона

- a diniman — пешхизмат
- a nyankarta — меню
- a sturu — курсӣ
- a supu — шӯрбо
- a pissa — Pizza
- nefi nanga forku — асбобу анҷоми хӯрокхӯрӣ
- tafra duku — дастархон

a fesi nyanyan

стартер/корандоз

a moro prenspari sortu nyan

хӯроки асосӣ

a switi sani

десерт

a dringi

нӯшокиҳои

a nyan

таъом

a batra

шиша

a restaurant - тарабхона

a fastfood

Хӯроки Тез Таёр мешуда

strati nyanyan

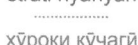

хӯроки кӯчагӣ

a tépatu

чойник

sukru patu

шакардон

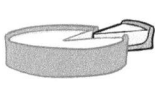

a krab'patu

қисм/порча

a espressomasyin

мошини espresso

a pikin sturu

курсии кӯдакона

a borgu

ҳисоб

a brakri

зарфмонак

a nefi

корд

a forku

чангол

a spun

қошуқ

a téspun

қошуқча

a servet

сачоқи қоғазӣ

a grasi

истакон

a restaurant - тарабхона

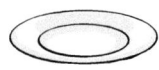

a preti
табақча

a supu preti
косача

a skotriki
тақсимча

a sowsu
соус

a sowtupatu
намакдон

a pepre miri
мурчдон

a asin
сирко

a oli
равғани растанӣ

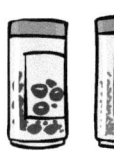

den specerij
приправа

a ketchup
кетчуп

a mosterd
хардал

a mayonaise
майонез

a restaurant - тарабхона

a wenkri
супермаркет

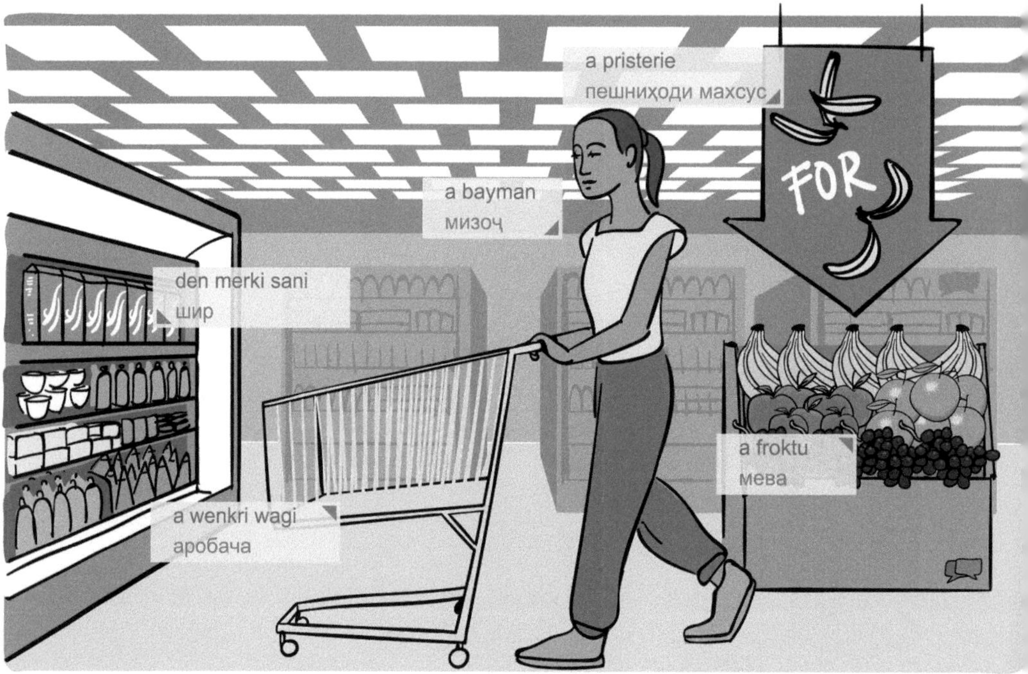

- a pristerie / пешниходи махсус
- a bayman / мизоҷ
- den merki sani / шир
- a wenkri wagi / аробача
- a froktu / мева

a srakti-oso

дукони гӯштфурӯшӣ

a bakri-oso

дукони нонфурӯшӣ

wegi

баркашидан

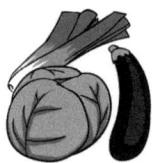

a gruntu

сабзавот

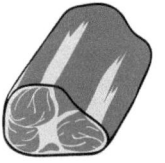

a meti

гӯшт

den ijskasi sani

хӯроки яхбаста

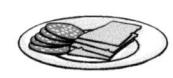

a kowru meti

тилимҳои борик буридаи гушт

a blik nyan

озуќаворї консервонидашуда

a wasi sani

хокаи либосшӯй

a switi sani

ширинӣ

den oso sani

асбоби рӯзгор

a sani fu krin

воситаҳои тозакунанда

a seri sma

фурӯшанда

a kas

касса

a kasman

кассир

a bai marki

рӯихати харидкунӣ

den opo yuru

соат ифтитоҳи

a portmoni

ҳамён

a kreditkarta

корти кредитӣ

a tas

ҷуздо

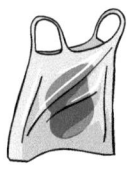

a plastik saka

пакет

a wenkri - супермаркет

a dringi
нӯшокиҳои

a watra
об

a sap
шарбат

a merki
шир

a kola
кола

a win
шароб

a biri
оби ҷав

a sopi
машрубот

a skrati
какао

a té
чой

a kofi
қаҳва

a espresso
эспрессо

a kappuccino
каппучино

a nyan
таъом

a bakba

банан

a apra

себ

a apresina

норанҷӣ

a watramun

харбуза

a sitrun

лимӯ

a rutu

сабзӣ

a konofroku

сир

a bambu

бамбук

a aiun

пиёз

den todoprasoro

занбӯруғ

den noto

чормағз

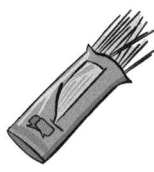

a pasta

угро

a spaghetti

спагеттӣ

a alesi

биринҷ

a salade

салат

a patata

картошкаи қоқак

den baka patata

картошкабирён

a pissa

Pizza

a burger

гамбургер

a brede

бутербурод

a schnitsel

шнитсел

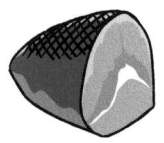

a ameti

гӯшти намакардаи хук

a salami

ҳасиби салямӣ

a worst

ҳасиб

a kafowru

мурғ

a bakadina

кабоб

a fisi

моҳӣ

a nyan - таъом

a hafermout
ярмаи чав

a muesli
омехтаи ғалладонагӣ

den karuflakes
ярмаи ҷувторимакка

a blon
орд

a croissant
кулчақанд

den brede
кулчақанд

a brede
нон

a baka brede
як порча нони бирён

a buskutu
кулчачаҳои қандин

a botro
маска

a kwark
творог

a kuku
пирог

a eksi
тухм

a baka eksi
тухм бирён

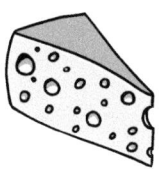
a kasi
панир

a nyan - таъом

a ice-cream

яхмос

a sukru

шакар

a oni

асал

a jam

мураббо

a sukruskrati pasta

хамираи халво

a kerrie

Curry

a nyan - таъом

a burugron
ферма

a wroko gron presi — хонаи деҳот
a maksin — анборхона
a grasi bergi — тойи коҳ
a gron — дашт
a asi — асп
a aanhangwagi — ядак
a pikin asi — тойча
a traktor — трактор
a buriki — хар
a skapu — гӯсфанд
a pikin skapu — баррача

a krabita
буз

a kaw
гов

a pikin kaw
гӯсола

a agu
хук

a pikin agu
хукча

a burkaw
буққа

a gansi
қоз

a doksi
мурғобӣ

a pikin fowru
чӯҷа

a fowru
мурғ

a kakafowru
хурӯс

a alata
каламуш

a puspusi
гурба

a moismoisi
муш

a burkaw
барзагов

a dagu
саг

a dagu pen
хоначаи саг

a tuinslang
рӯдаи резинӣ

a watra kan
камобӣ метавонад

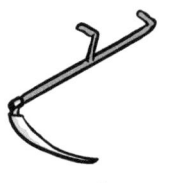

a nefi
дос

a pluga
сипори шудгоркунии замин

a burugron - ферма

a babun-nefi
доси

a tyapu
каланд

a forku
панҷшоха

a beyri
табар

a kroiwagi
ароба

a baki
охур

a merki kan
зарфи ширгирӣ

a saka
халта

a skotu
девор

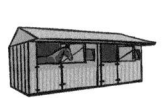
a pen
мӯътадил

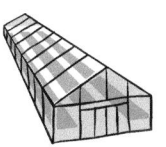
a grun kasi
гармхона

a gron
хок

a siri
тухмӣ

a doti
нуриҳо

a maaidorser
комбайни ғаллағундорӣ

a burugron - ферма

koti
ҳосил

a nyanyan
ҳосил

a yami
yams

a aleisi
гандум

a soja
лубиж

a patata
картошка

a karu
ҷуворӣ

a koro siri
донаи маъсар

a froktu bon
дарахти мева

a kasaba
manioc

den siri
ғалладона

a burugron - ферма

a oso
хона

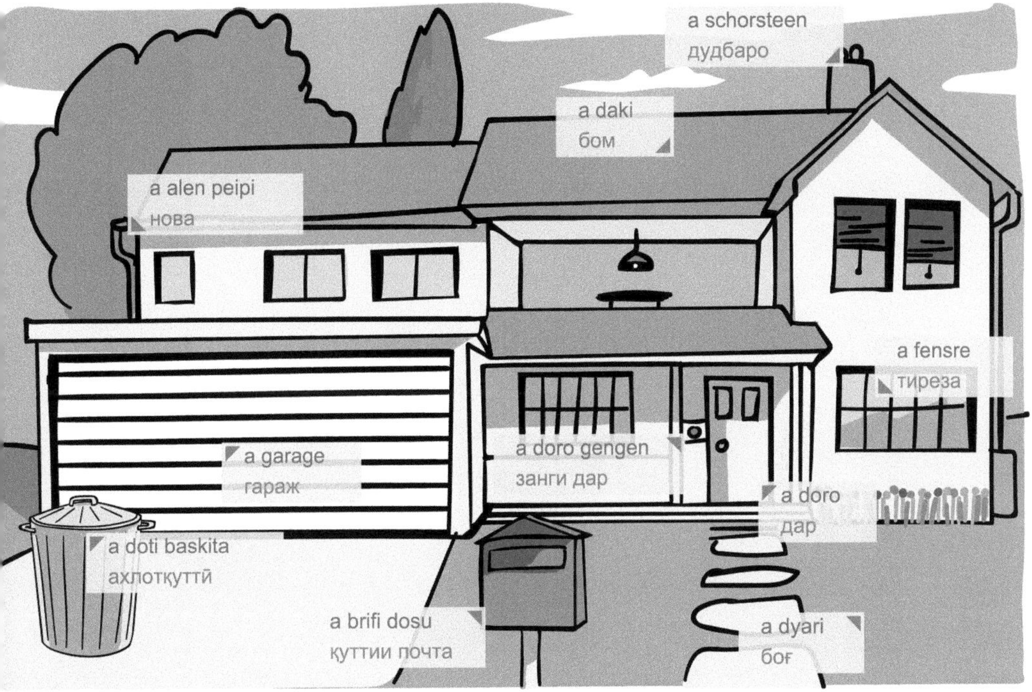

a schorsteen
дудбаро

a daki
бом

a alen peipi
нома

a fensre
тиреза

a garage
гараж

a doro gengen
занги дар

a doro
дар

a doti baskita
ахлоткуттӣ

a brifi dosu
куттии почта

a dyari
боғ

a foroisi

мехмонхона

a was oso

ҳамом

a botrali

ошхона

a sribikamra

хонаи хоб

a pikin kamra

ҳуҷраи кӯдакона

a nyanyan kamra

ошхона

a oso - хона

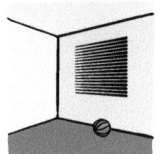

a gron
ошёна

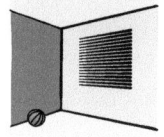

a skotu
девор

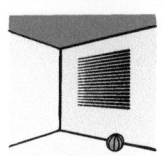

a plafon
шифт

a kedre
тагзаминӣ

a sauna
сауна

a barkon
балкон

a terras
суфача

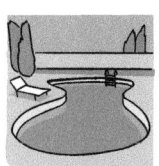

a swen presi
ҳавз

a waimasyin
мошини алафдарав

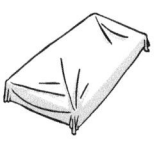

a sribikrosi
варақ

a sribikrosi
кампал

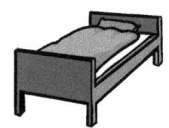

a bedi
кат

a sisibi
ҷорӯб

a embre
сатил

a san fu leti faya
калид

a oso - хона

a foroisi
мехмонхона

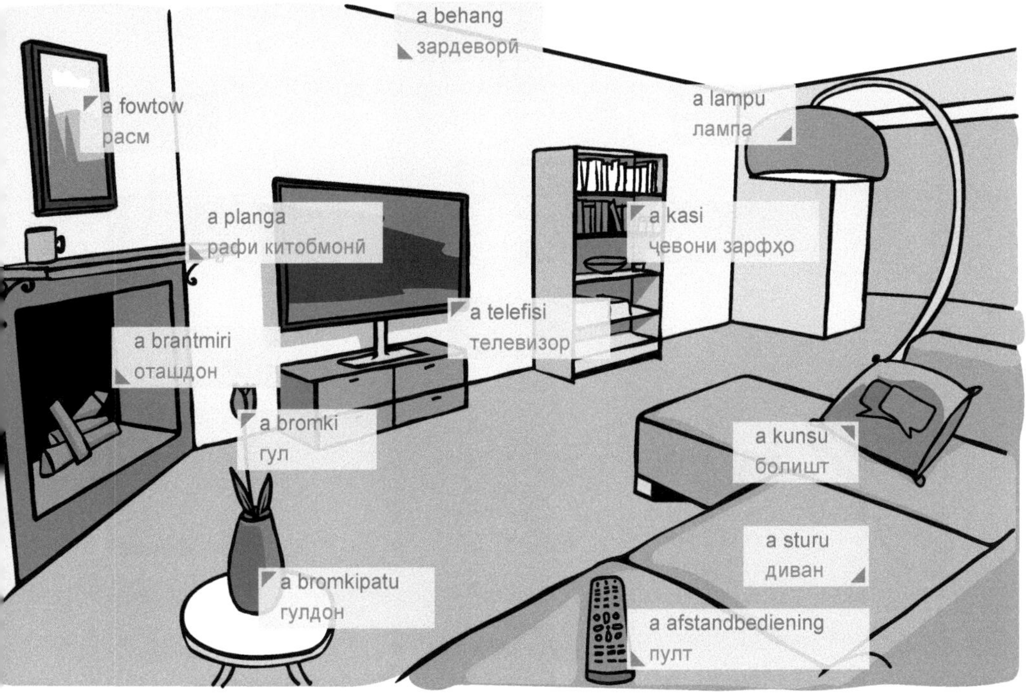

- a behang — зардеворӣ
- a fowtow — расм
- a lampu — лампа
- a planga — рафи китобмонӣ
- a kasi — чевони зарфҳо
- a brantmiri — оташдон
- a telefisi — телевизор
- a bromki — гул
- a bromkipatu — гулдон
- a kunsu — болишт
- a sturu — диван
- a afstandbediening — пулт

a matamata
қолин

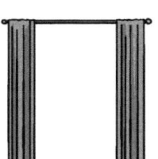

a garden
парда

a tafra
мизи

a sturu
курсӣ

a boboisturu
rocking кафедраи

a sturu
курсӣ

a foroisi - мехмонхона

a buku	a tapun	a pranpran
китоб	курпа	ороиш

a udu	a kino	a stereo-installatie
ҳезум	филм	дастгоҳи hi-fi

a sroto	a koranti	a skedrei
калид	рӯзнома	расм

a poster	a konkrudosu	a skrifi buku
эълон	радио	китобчаи қайдҳо

a stofsuiger	a kaktus	a kandra
чангкашак	кактус	шам

a foroisi - мехмонхона

a botrali
ошхона

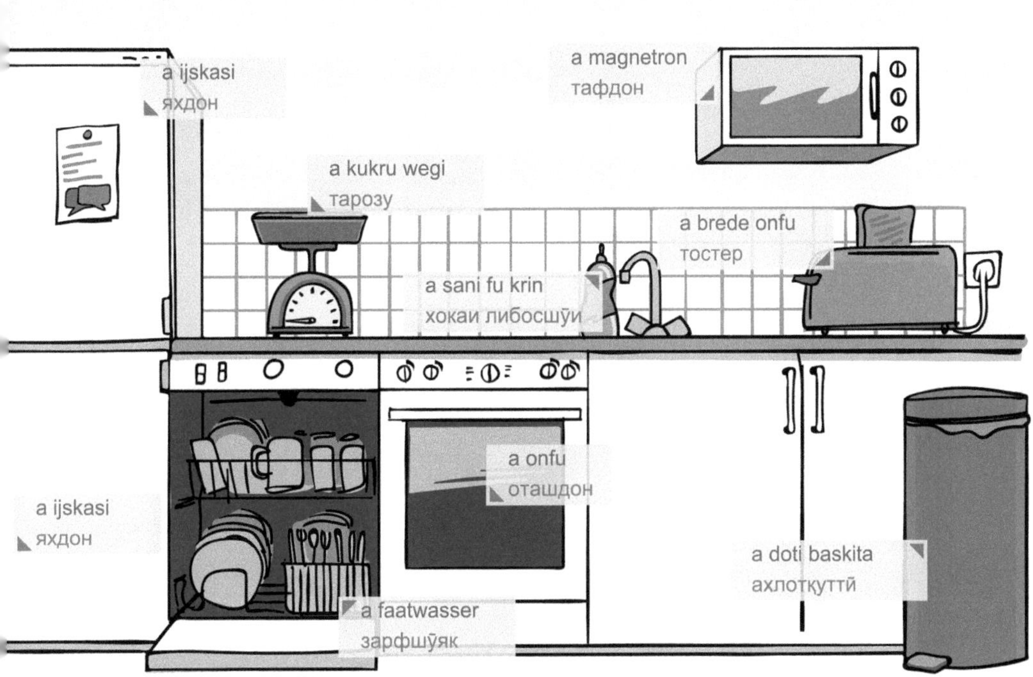

- a ijskasi — яхдон
- a magnetron — тафдон
- a kukru wegi — тарозу
- a brede onfu — тостер
- a sani fu krin — хокаи либосшӯи
- a onfu — оташдон
- a ijskasi — яхдон
- a doti baskita — ахлоткуттӣ
- a faatwasser — зарфшӯяк

a onfu
плита

a patu
тубак

a isri patu
дег

a wok / kadai
дег / кадӣ

a pan
тоба

a ketre
чойник

a botrali - ошхона

a dampupatu

steamer

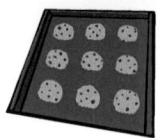

a baka preti

лист

den tafra-sani

зарф

a kan

кружка

a koba

коса

den nyantiki

чубаки хурокхӯрӣ

a supu spun

кафлези

a spatel

кафлези ҳамвор

a klutser

whisk

a fergiet

strainer

a dorodoro

элак

a gritigriti

турбтарошак

a mortier

миномет

a barbakoto

Кабоб Кардан

a faya presi

оташ кушод

a botrali - ошхона

a koti planga

тахтаи резакунӣ

a blon lolo

чӯба

a korkutreki

пӯккашак

a tromu

банка

a knefi fu opo blik

консервокушояк

a patu duku

дастак

a wasibaki

дастшӯяк

a bosro

чӯтка

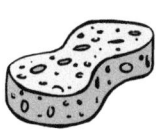

a sponsu

исфанҷ

a blender

блендер

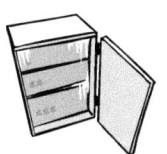

a ijskasi

сармодон

a beibi batra

шишача

a kran

чумак

a botrali - ошхона

a was oso
ҳамом

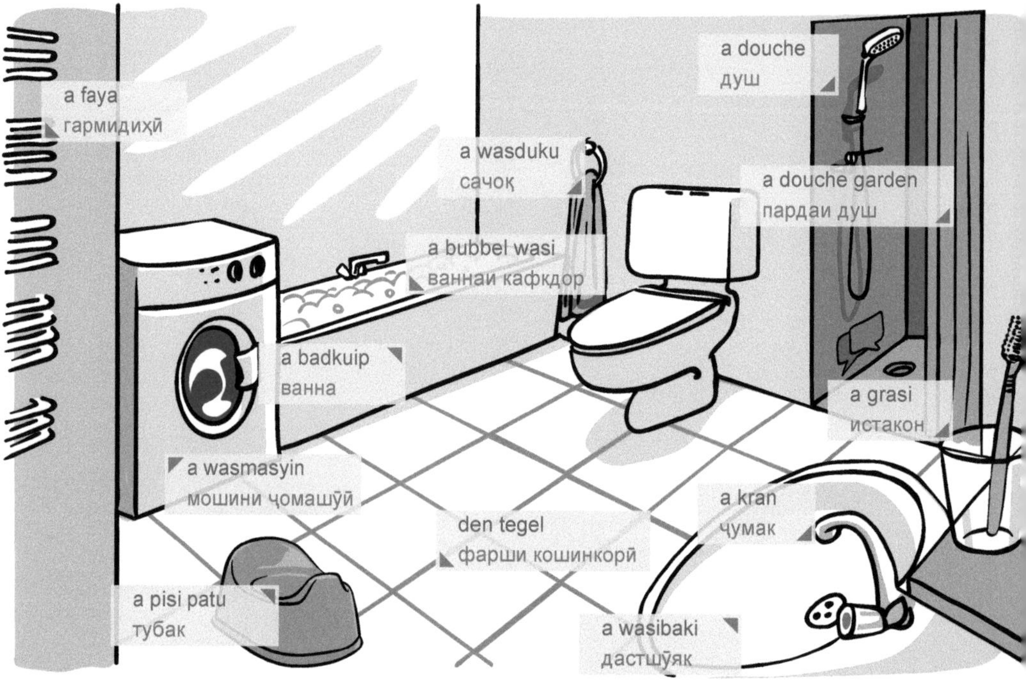

a faya
гармидиҳӣ

a wasduku
сачоқ

a bubbel wasi
ваннаи кафкдор

a badkuip
ванна

a wasmasyin
мошини ҷомашӯй

a pisi patu
тубак

a douche
душ

a douche garden
пардаи душ

a grasi
истакон

a kran
чумак

den tegel
фарши кошинкорӣ

a wasibaki
дастшӯяк

a kumakoisi

ҳоҷатхона

a kumakoisi

нишастгоҳи халоҷои
рӯйфаршӣ

a bidet

биде

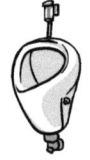

a pisi presi

ҳоҷатхонаи мардона

a kumakoisi papira

коғази ташноб

a kumakoisi bosro

чӯткаи ҳоҷатхона

a was oso - ҳамом

a tifi bosro
дандоншӯяк

a tandpasta
хамираи дандоншӯи

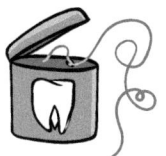
a floss
риштаи дандонтозакунӣ

wasi
шӯстан

a douche
души дастӣ

a kumakoisi douche
обшӯй

a was koba
ҳавза

a baka bosro
шона кардани мӯй

a sopo
собун

a douchegel
гел барои душ

a sopo
шампун

a was krosi
бумазӣ

a afvoer
заҳкаш

a krème
крем

a okselstik
дезодорант

a was oso - ҳамом

| a spikri | a moimoi fu fesi spikri | a sebinefi |
| оина | оинаи дастӣ | риштарошаки барқи |

| a sebiskuma | a aftershave | a kankan |
| кафк барои риштарошӣ | оби мушкини баъди риштарошӣ | шона |

| a bosro | a wiri drei masyin | a wirispray |
| чӯтка | мӯйхушкунак | лак барои мӯй |

| a moimoi fu fesi | a lippenstift | a nangra ferfi |
| косметика | лабсурхкунак | лок барои нохун |

| den katun | a nangra sey | a switi smeri |
| пахта | қайчии нохунгирӣ | атриёт |

a was oso - ҳамом

a tas gi krin sani

ҷузвдони косметикӣ

a kroku

қазои ҳоҷат

a wegi

тарозу

a was dyaki

хилъат

den handschoen fu krin

дастпӯшак резина

a tampon

тампон

a munduku

дастмоли санитарӣ

a kumakoisi

био-ҳоҷатхона

a was oso - ҳамом

a pikin kamra
ҳуҷраи кӯдакона

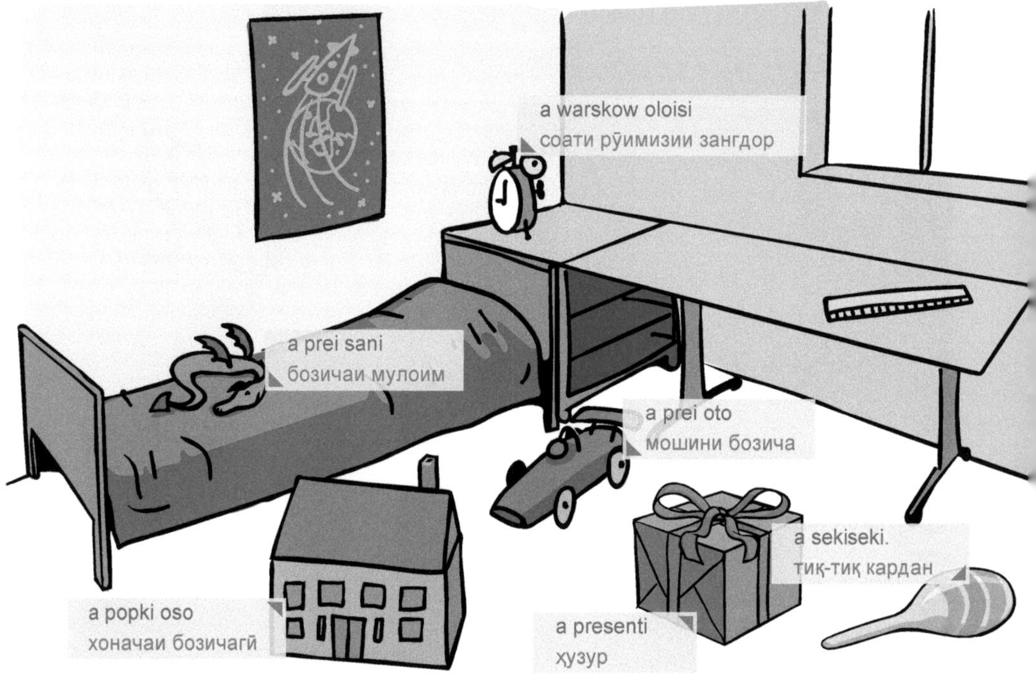

a warskow oloisi
соати рӯимизии зангдор
a prei sani
бозичаи мулоим
a prei oto
мошини бозича
a sekiseki.
тиқ-тиқ кардан
a popki oso
хоначаи бозичагӣ
a presenti
ҳузур

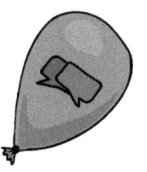

a ballon
пуфак

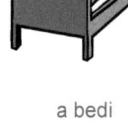

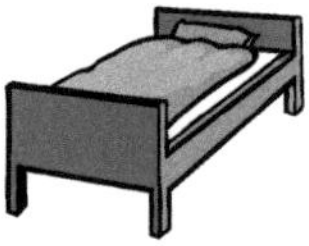

a bedi
кат

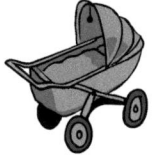

a beibiwagi
аробочаи кудакона

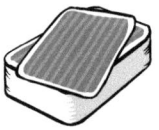

a paki karta
маҷмӯи кортҳо

a laytori
бозии муамоёбӣ

SUPER
MEGA

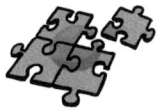

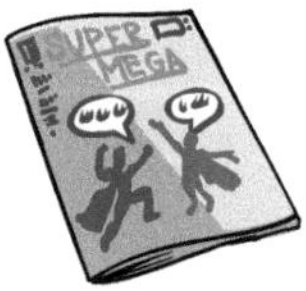

a strip torie
комикс

den lego ston

хиштҳои лего

den prei sani

мағозаи бозичафурӯхтан

a aktiefiguurtje

рақам амал

a beibikrosi

либоси ғаваккашӣ

a frisbee

фрисби

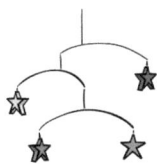

a mobile

мобилӣ

a prei tapu bord

лавҳачаи бозӣ

a prei ston

кубик

a prei sani loko

маҷмӯи модели қатора

a bobimofo

пистонак

a fesa

ҳизб

a prenki buku

китоби расм

a bal

тӯб

a popki

лӯхтак

prei

бозӣ кардан

a pikin kamra - ҳуҷраи кӯдакона

a santi baki
қуттии рег

a boboisturu
арғунчак

den preisani
бозича

a prei komputer
консоли бозиҳои видеой

a baysigri
велосипеди сечарха

a prei sani
хирсаки бахмалии патдор

a krosikasi
чевон

a krosi
либос

den kowsu
ҷуроб

den kowsu
ҷуроби соқбаланд

a kowsu
колготки

a krosi - либос

a skin

бадан

a bruku

шим

a jeansbruku

чинс

a koto

юбка

a blus

куртаи нимтаи занона

a empi

курта

a empi

свитер

a dyaki

свитер

a djakti

пиҷак

a dyakti

нимтана

a alendyakti

палто

a alendyakti

плаш

a paki

костюм

a yapon

куртаи занона

a trowyapon

либос тӯйи

a krosi - либос

a paki

костюм

a sribikrosi

куртаи хоб

a sribikrosi

пижама

a sari

Сари

a angisa

рӯймол

a tulband

салла

a burka

ниқобу

a kaftan

кафтан

a abaya

абая

a swenkrosi

либоси обозӣ

a swenbruku

эзорчаи шиноварии мардона

a syatu bruku

шорти

a training paki

либоси варзишӣ

a feskoki

пешбанд

a handschoen

дастпӯшак

a krosi - либос

a knopo

тугма

a aygrasi

айнак

a anubuy

дастпона

a keti

гарданбанд

a linga

ангуштарин

a yesilinga

гӯшвора

a ati

кулоҳ

a krosi anga

либосовезак

a ati

кулоҳ

a tay

галстук

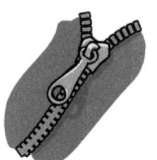

a rits

занҷирак

a feti musu

тоскулоҳ

a bretel

шимбардор

a sem skoro krosi

либоси мактабӣ

a sem krosi

либоси

a krosi - либос

a slabbetje
пешгир

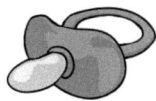
a bobimofo
пистонак

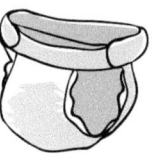
a pisiduku
подгузник

a kantoro
идора

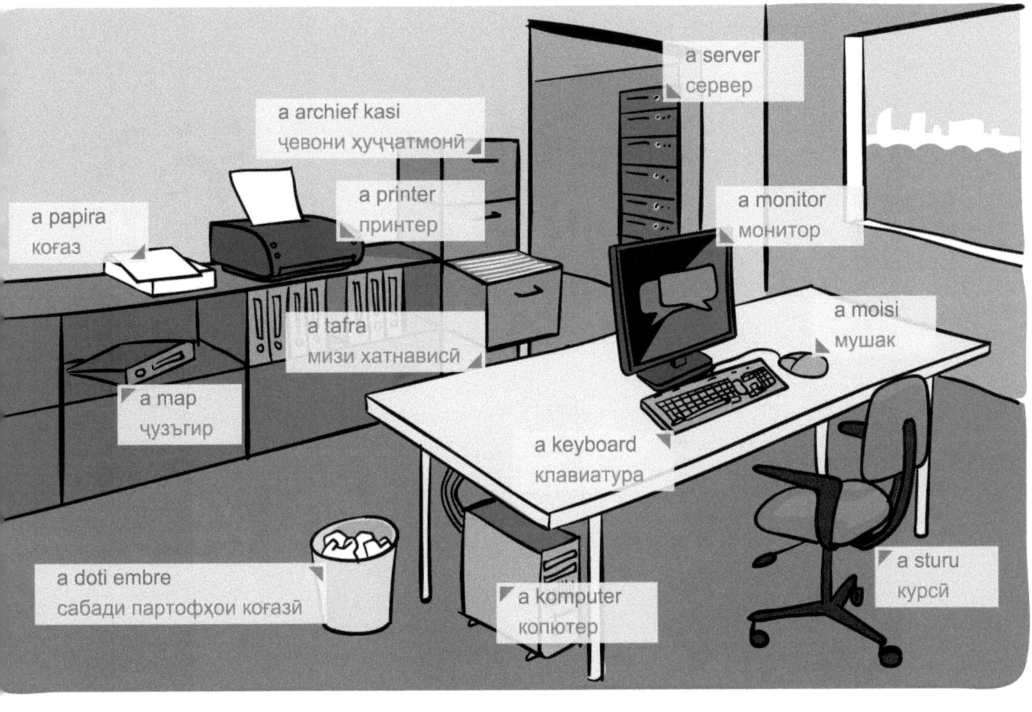

- a archief kasi — ҷевони ҳуҷҷатмонӣ
- a server — сервер
- a papira — коғаз
- a printer — принтер
- a monitor — монитор
- a tafra — мизи хатнависӣ
- a moisi — мушак
- a map — ҷузъгир
- a keyboard — клавиатура
- a doti embre — сабади партофҳои коғазӣ
- a komputer — копютер
- a sturu — курсӣ

a kofi kan
кружкаи қаҳванӯшӣ

a kalkulator
калкулятор

a internet
интернет

a laptop
ноутбук

a brifi
мактуб

a boskopu
хабар

a konkrutitei
телефони мобилӣ

a neti
шабака

a kopi masyin
нусхабардор

a software
нармафзор

a konkrutitei
телефон

a stopkontakt
розетка

a fax masyin
факс

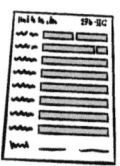
a formulier
шакл

a papira
ҳуҷҷат

a kantoro - идора

a ekonomia
иқтисодиёт

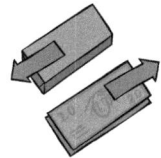
bai
харидан

pai
пардохт

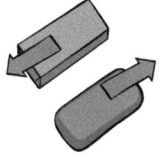
du
савдо

a moni
пул

a dollar
доллар

a euro
евро

a yen
йен

a rubel
рубл

a frank
франки швейцариягӣ

a renminbi yuan
юан

a rupie
рупӣ

a monimasyin
нуқтаи нақд

a kenki kantoro
нуқтаи мубодилаи асъор

a gowtu
тилло

a solfru
нуқра

a oli
равғани растанӣ

a krakti
энерги

a prijs
нарх

a kontrakti
шартнома

a lantimoni
андоз

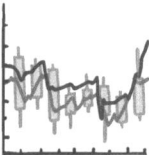
a pisi
саҳмия

wroko
кор

a wrokoman
хизматчӣ

a wrokobasi
соҳибкор

a fabrik
завод

a wenkri
сехи

a ekonomia - иқтисодиёт

den kari
касбҳо

a brandweerman
сӯхторхомушкун

a skowtu
корманди полис

a boriman
ошпаз

a datra
духтур

a piloot
халабон

a djariman

боғбон

a temreman

чӯбтарош

a modist

дӯзанда

a krutubasi

судя

a scheikunde sma

кимиёшинос

a akteur

актер

a bus sjafeur
ронандаи автобус

a taximan
таксист

a fisiman
моҳигир

a krinsma
фаррошзан

a dakitapu man
устои бомпӯш

a diniman
пешхизмат

a ontiman
шикорчӣ

a ferfiman
расом

a bakriman
нонвой

a elektrikman
барқ

a bow-wroko man
сохтмончӣ

a ensjinoru
инженер

a sraktiman
қассоб

a loodgieter
устои шабакаи об

a postbode
хаткашон

den kari - касбҳо

a srudati

сарбоз

a architekt

меъмор

a kasman

кассир

a bromkisma

гулфурӯш

a seti sma wiri man

сартарош

a kondukteur

кондуктор

a monteur

механик

a kapten

капатан

a tifidatra

духтури дандон

a sabiman

олим

a Dyu domri

хохом

a Moslim domri

имом

a moniki

шайх

a priester

саркоҳин

a wrokosani
асбобҳо

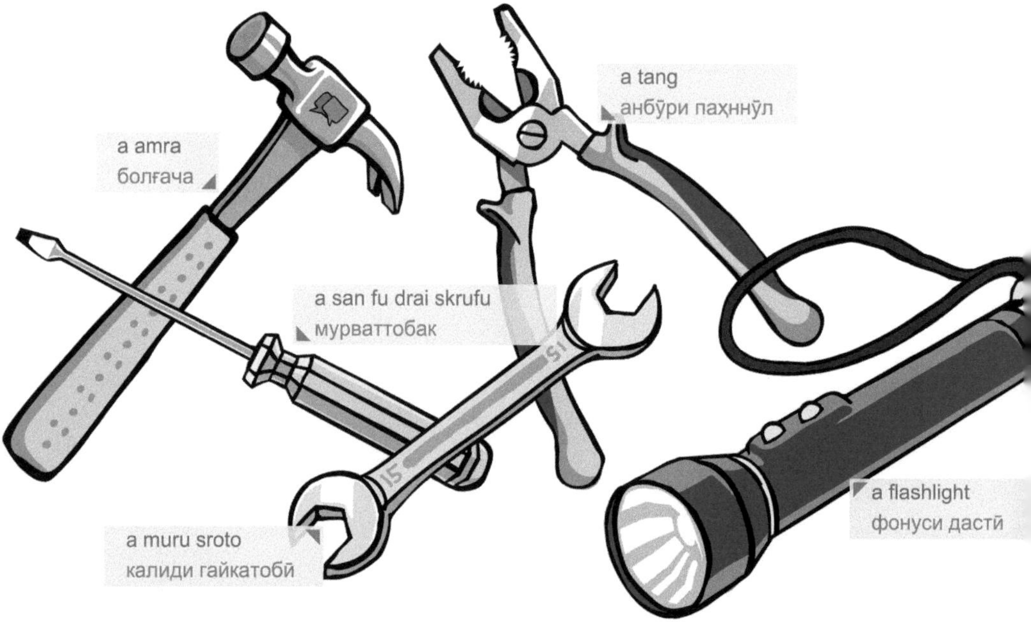

a amra
болғача

a tang
анбӯри паҳннӯл

a san fu drai skrufu
мурваттобак

a flashlight
фонуси дастӣ

a muru sroto
калиди гайкатобӣ

a dikimasyin

экскаватор

a wrokosani kisi

қутии асбобҳо

a trapu

зинапоя

a sa

арра

den spikri

мехҳо

a boro

пармаи электрикӣ

meki
таъмир

a skepi
бел

Baya!
Сабил монад!

a stofblik
белчаи хокрӯбагирӣ

a ferfi patu
сатили ранг

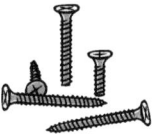

den skrufu
мехи печдор

den poku sani
асбобҳои мусиқӣ

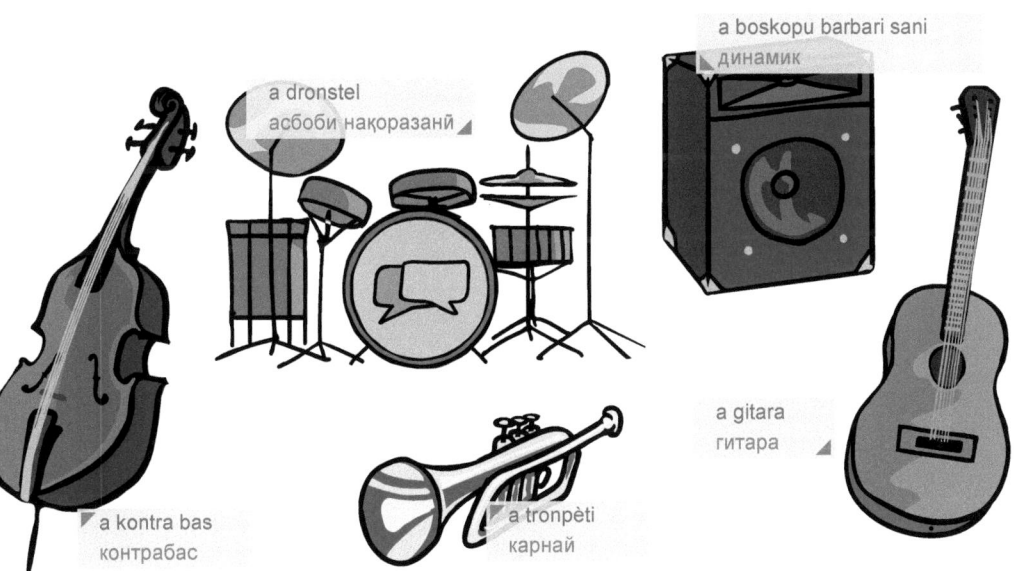

a dronstel — асбоби нақоразанӣ
a boskopu barbari sani — динамик
a kontra bas — контрабас
a tronpèti — карнай
a gitara — гитара

den poku sani - асбобҳои мусиқӣ

a piano

пианино

a finyoro

ғиччак

a bas

бас-гитара

a pauk

нақораи поядор

a dron

нақора

a keyboard

клавиатура

a saxofon

саксофон

a froiti

най

a mikrofon

баландгӯяд

a meti dyari
боғи ҳайвонот

- a tigri — паланг
- a mofodoro — даромад
- a pen — қафас
- a sabanaburiki — гӯрхар
- a meti nyan — хӯроки чорво
- a panda — панда

den meti

ҳайвонот

a asaw

фил

a kangeru

кенгуру

a neushoorn

каркадан

a gorilla

горилла

a beer

хирси бӯр

a kameri

шутур

a stroisifowru

шутурмурғ

a lew

шер

a monki

маймун

a korikori

бутимор

a popokai

тӯти

a ijsbeer

хирси сафед

a pinguïn

пингвин

a sarki

наҳанг

a prodokaka

товус

a sneki

мор

a kaiman

тимсоҳ

a sma san e sorgu meti

посбон

a sedagu

сил

a penitigri

ягуар

a meti dyari - боғи ҳайвонот

a pikin asi

аспи кӯтоҳқад

a penitigri

леопард

a watrabofru

баҳмут

a giraf

зарофа

a aka

уқоб

a werder agu

хуки ваҳшӣ

a fisi

моҳӣ

a sekrepatu

сангпушт

a walrus

морж

a sabanadagu

рӯбоҳ

a dia

ғизол/оху

a meti dyari - боғи ҳайвонот

a sport
варзиш

den aktifiteit
фаъолият

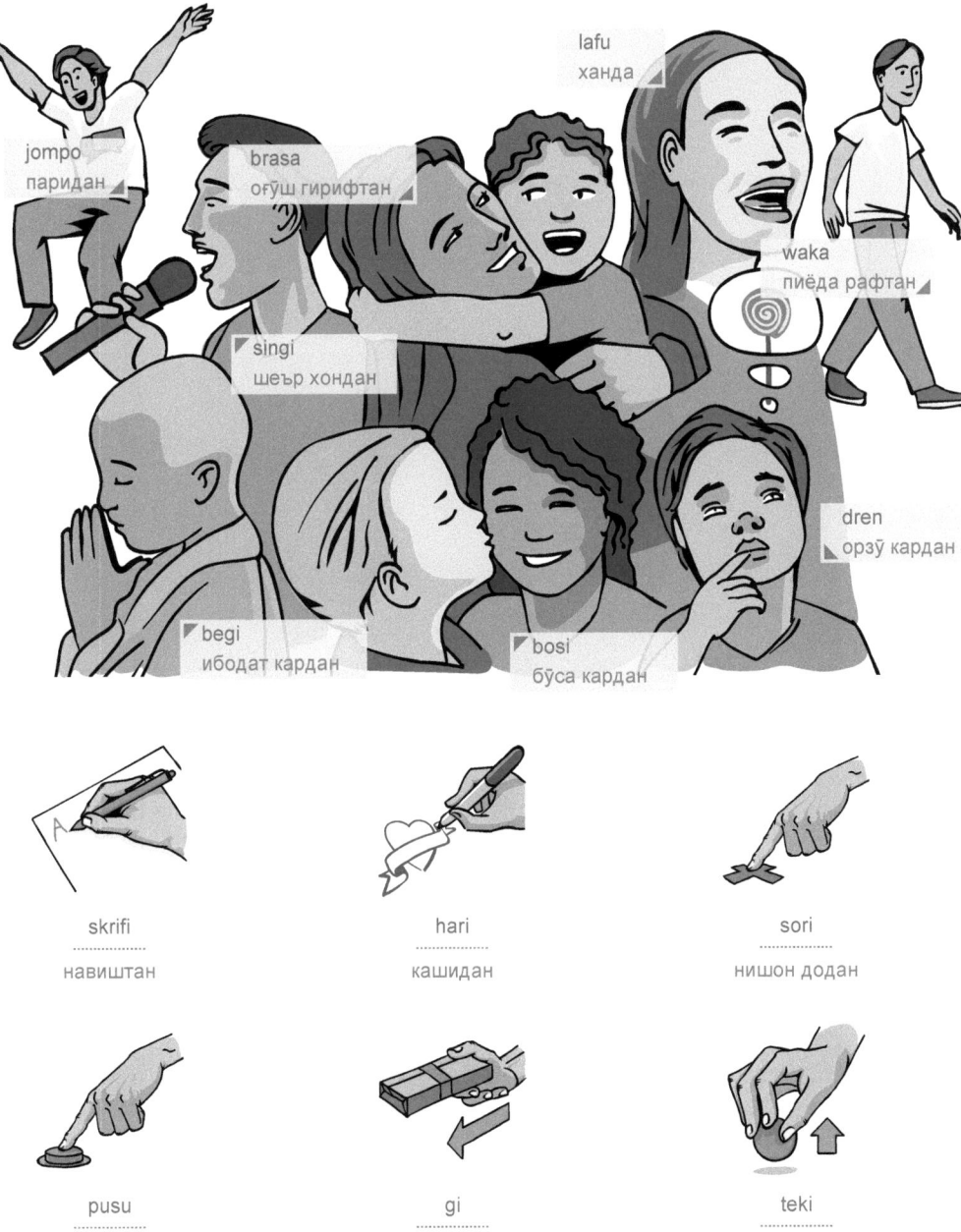

abi
доранд

dati
кор

de
бошад

tnapu
истодан

lon
давидан

hari
кашидан

trowe
партофтан

fadon
афтидан

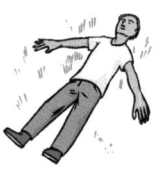

lei
дароз кашидан

wakti
интизор шудан

tyari
бардошта бурдан

sidon
нишастан

weri
либос пӯшидан

sribi
хобин

wiki
бедор шудан

luku
нигоҳ кардан

krei
гиря кардан

korikori
сила кардан

kan
шона

taki
гап задан

ferstan
фаҳмидан

aksi
пурсидан

arki
гӯш кардан

dringi
нӯштдан

nyanyan
хӯрдан

krin
ғундоштан

lobi
ишқ

bori
ошпаз

rei
рондан

frei
парвоз кардан

den aktifiteit - фаъолият

seiri
бо бодбон ҳаракат кардан

teri
ҳисоб кардан

lesi
хондан

leri
омӯхтан

wroko
кор

trow
оиладор шудан

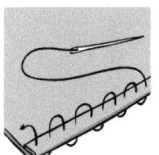
nai
дӯхтан

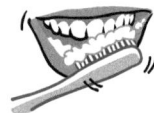
krintifi
дадон шӯстан

kiri
куштан

smoko
дуд

seni
фиристодан

den aktifiteit - фаъолият

a famiri
оила

a granmama / биби

a granpapa / бобо

a papa / падар

a mama / модар

a beibi / кӯдак

a umapikin / хоҳар

a manpikin / писар

a fisiti

меҳмон

a tanta

хола

a omu

амак

a brada

бародар

a sisa

хоҳар

a famiri - оила

a skin
бадан

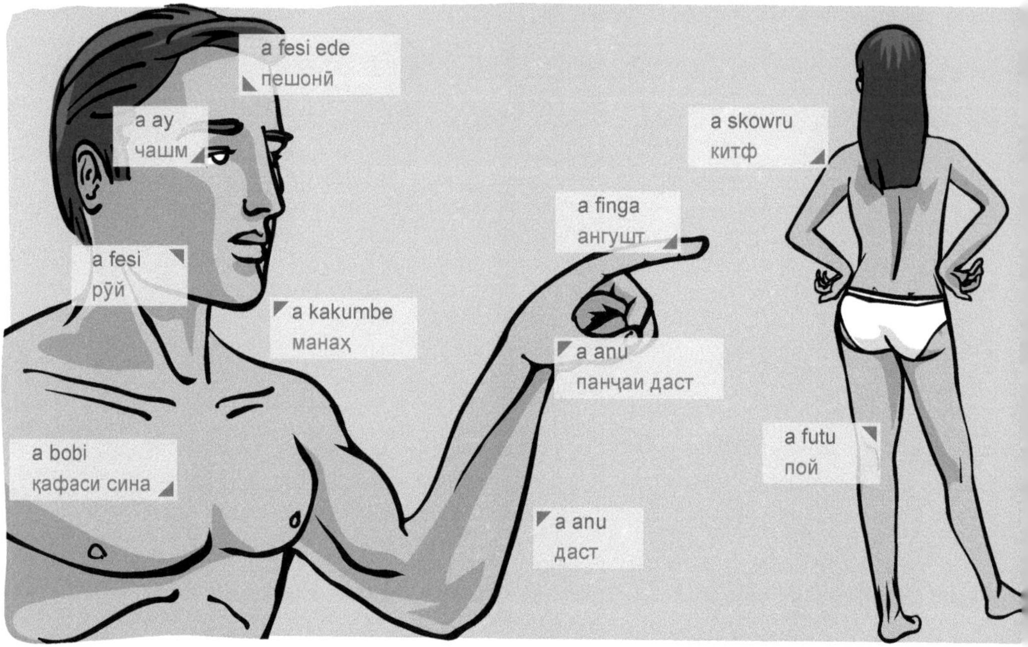

a fesi ede
пешонӣ

a ay
чашм

a skowru
китф

a finga
ангушт

a fesi
рӯй

a kakumbe
манаҳ

a anu
панҷаи даст

a bobi
қафаси сина

a futu
пой

a anu
даст

a beibi

кӯдак

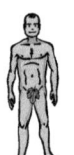

a man

мард

a uma

зан

a uma pikin

духтар

a boi

писар

a ede

сар

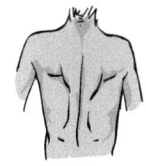

a baka

пушт

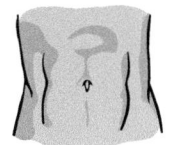

a bere

шикам

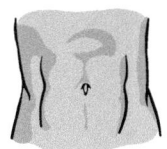

a kumba

ноф

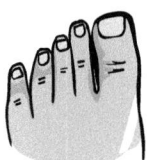

a futufinga

ангушти пой

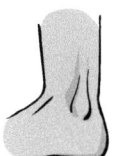

a bakafutu

пошнаи пой

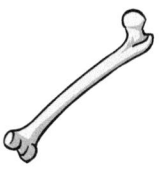

a bonyo

устухон

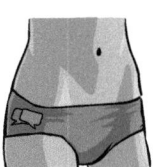

a djonku

рон

a kindi

зону

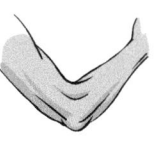

a baka anu

оринҷ

a noso

бинӣ

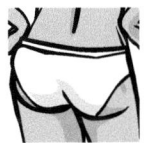

a bakasei

таг

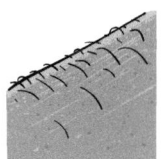

a skin

пӯст

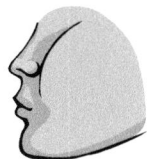

a seifesi

рухсора

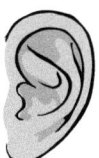

a yesi

гӯш

den mofobuba

лаб

a skin - бадан

a mofo
даҳон

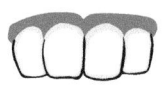

a tifi
дадон

a tongo
забон

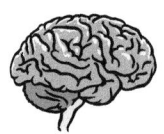

a ede tonton
майнаи сар

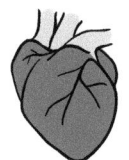

a ati
дил

a titei
мушак

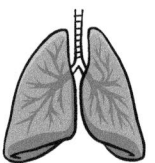

a fokofoko
шуш

a lefre
ҷигар

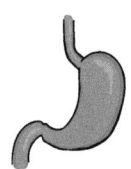

a bere
меъда

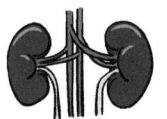

den niri
гурдаҳо

a freiri
алоқаи ҷинсӣ

a pipikowsu
рифола

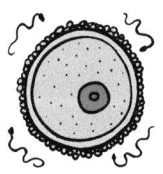

a eksi
тухмҳуҷайра

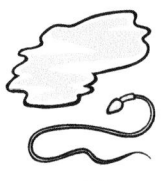

a siri
нутфа

a bere
ҳомиладорӣ

a skin - бадан

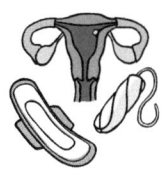
a munsiki
ҳайз

a umapresi
маҳбал

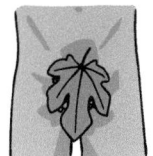
a toli
кер

a tapu-ay-wiwiri
абрӯ

a wiwiri
мӯй

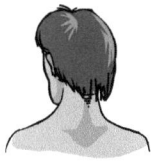
a neki
гардан

a skin - бадан

a ati oso
бемористон

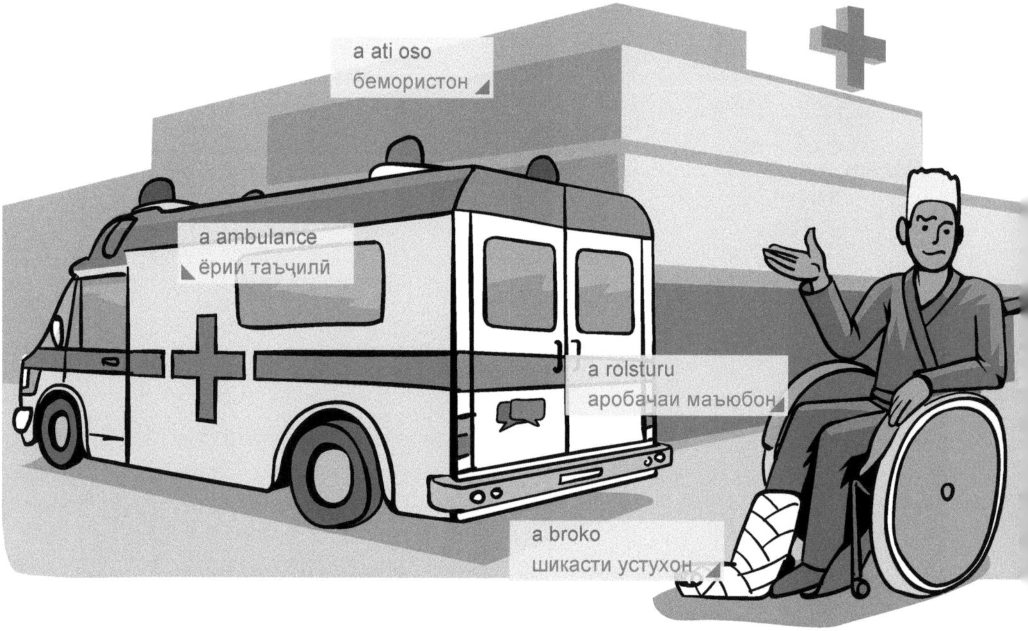

a ati oso
бемористон

a ambulance
ёрии таъҷилӣ

a rolsturu
аробачаи маъюбон

a broko
шикасти устухон

a datra

духтур

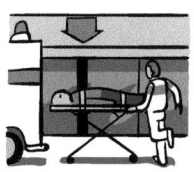

a EHBO

ҳуҷраи ёрии фаврӣ

a suster

ҳамшираи тиббӣ

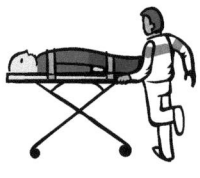

a nowtu

ҳолати фавкулодда

flaw

беҳуш

a pen

дард

a soro
ҷароҳат

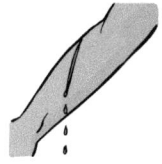

a brudu
хунравӣ

a ati siki
дилзанак

a bururtu
сактаи майна

a trefu
аллергия

koso
сулфа

a kortsu
табларза

a griep
грипп

a lusu bere
шикамравӣ

a ede-ati
сардард

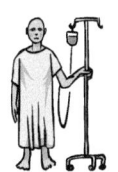

a takrusiki
саратон

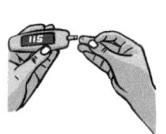

a sukru
диабет

a chirurg
ҷарроҳ

a skalpel
скалпел

a operâsi
ҷарроҳӣ

a ati oso - бемористон

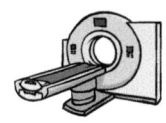
a CT
Томографияи компютерӣ

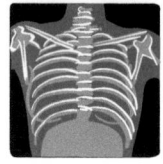
a röntgen
шӯъои ренгенӣ

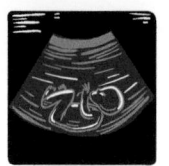
a echo
ултрасадо

a fesi maskradu
ниқоби рӯй

a siki
беморӣ

a wakti kamra
ҳуҷраи интизорӣ

a kroku
асобағал

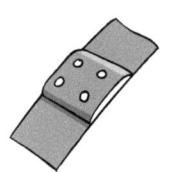
a duku
марҳам

a duku
дока

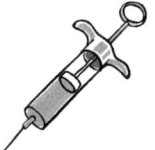
a spoiti
сӯзандору

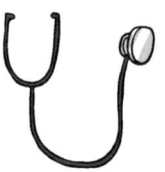
a stethoskoop
стетоскоп

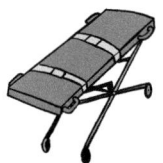
a brandkard
занбар

a temperatuur marki
ҳароратсанҷ

a gebore
таваллуд

a fatu
вазни зиёдатӣ

a ati oso - бемористон

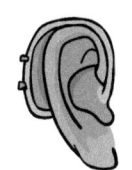

a masyin fu yere

таҷҳизоти шунавоӣ

a sani fu krin

моддаи безараргардонӣ

a dyomposiki

инфексия

a firus

вирус

a HIV / AIDS

ВИЧ / СПИД

a dresi

дору

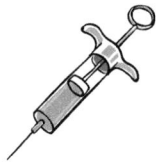

a faksinasi

ваксинатсия

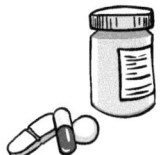

den perki

ҳабҳо

a perki

ҳаб

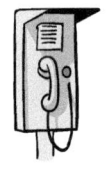

a nowtu nomru

занги изтирорӣ

a brudu marki

монитори фишори хун

siki / gesontu

бемор/солим

a ati oso - бемористон

a nowtu
ҳолати фавқулодда

Yepi!
Кумак!

a warskow
ҳушдор

a feti
ҳучум

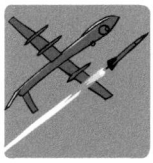
a feti
ҳамла

a ogri
хатар

a nowtu doro
баромадгоҳи таҳлиявӣ

Faya!
Сӯхтор!

a fayakiri sani
оташнишон

a mankeri
садама

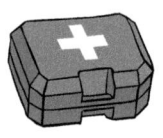
a EHBO-kofru
дорукуттӣ

SOS
бонги хатар

a skowtu
полис

a grontapu
замин

Bakrakondre
Аврупо

Opo-Amerkan
Америкаи Шимолӣ

Suid-Amerkan
Америкаи Ҷанубӣ

Afrika
Африка

Asi
Осиё

Australia
Австралия

a Atlantis Se
Уқёнуси Атлантик

a Tan tiri Se
Уқёнуси Ором

a Indisch Se
Уқёнуси Ҳинд

a Suidsei Se
Уқёнуси Антарктика

a Noordsei Se
Уқёнуси Арктика

a Noordsei
Қутби шимол

a Suidsei
Қутби ҷануб

Antartika
Антарктика

a grontapu
замин

a kondre
замин

a se
баҳр

a eilanti
ҷазира

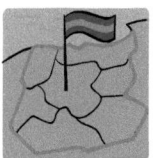
a nâsi
миллат

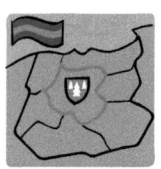
a lanti
давлат

oloisi
вақт

a oloisi fesi

сиферблат

a yuru sori

ақрабаки соат

a miniti sori

ақрабаки дақиқашумор

a sekonde sori

ақрабаки сонияшумор

O lati a de?

Соат чанд?

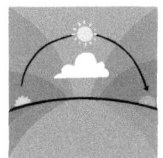

a dey

рӯз

a ten

замон

now

ҳозир

a oloisi

соати электронӣ

a miniti

лаҳза

a yuru

соат

oloisi - вақт   79

a wiki
ҳафта

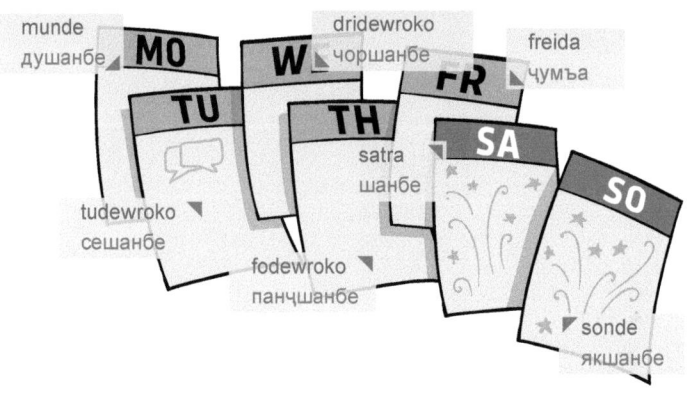

munde душанбе
dridewroko чоршанбе
freida ҷумъа
tudewroko сешанбе
satra шанбе
fodewroko панҷшанбе
sonde якшанбе

esde
дирӯз

tide
имрӯз

tamara
фардо

a mamanten
пагоҳирӯзӣ

a bakadina
нимрӯз

a neti
шом

den wrokodei
рӯзҳои корӣ

a weekend
истироҳат

a yari

сол

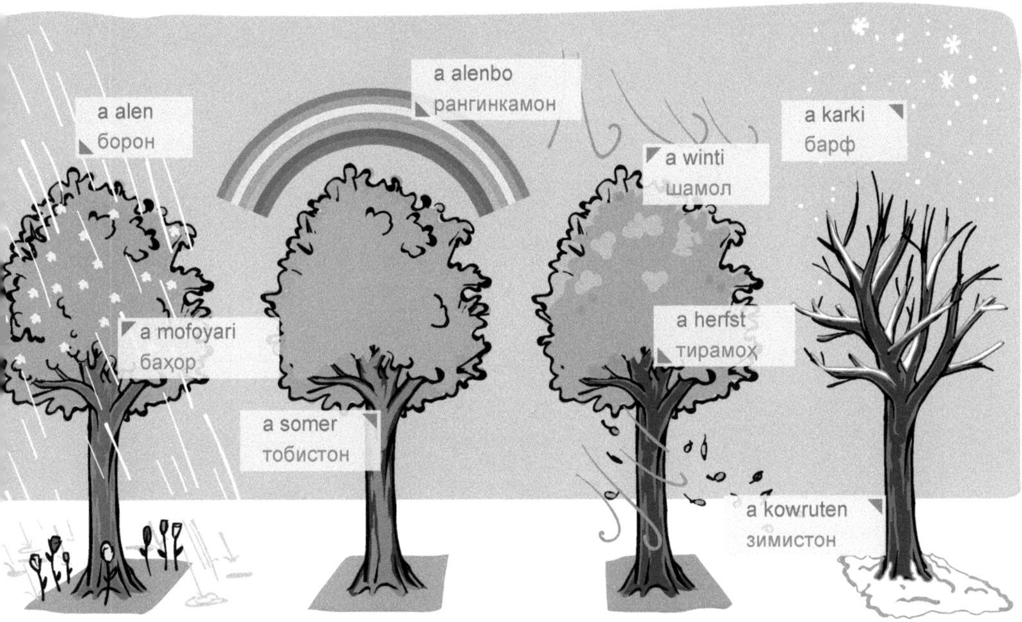

a alen
борон
a alenbo
рангинкамон
a winti
шамол
a karki
барф
a mofoyari
баҳор
a herfst
тирамоҳ
a somer
тобистон
a kowruten
зимистон

4.APRIL 11°
5.APRIL 4°
6.APRIL 13°
7.APRIL 8°
8.APRIL 10°

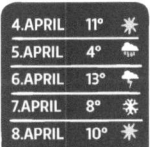

a taki fu a weer

Обу ҳаво

F C
120 90 60 30 0 -30
40 30 20 10 0 -10 -20

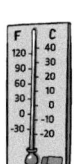

a thermometer

ҳароратсанҷ

a skèin fu a son

равшании офтоб

a wolku

абр

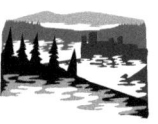

a dow

туман

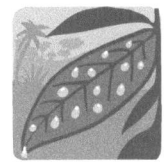

a loktu foktu

намнок

a faya
барқ

a dondru
тундар

a sekiwatra
тӯфон

a agra
жола

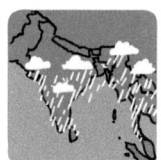

a bigi skwala
муссон

a frudu
обхезӣ

a èisi
ях

januari
январ

februari
феврал

maart
март

april
апрел

mei
май

juni
июн

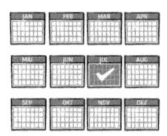

juli
июл

augustus
август

a yari - сол

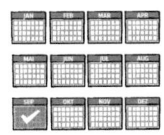
september
сентябр

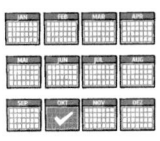
oktober
октябр

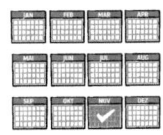
nofember
ноябр

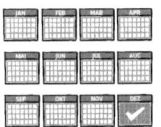
december
декабр

den form
баст

a lontu
давра

a fokanti
мураббаъ

a fokanti naga langa sei
росткунья

a dri-uku
секунья

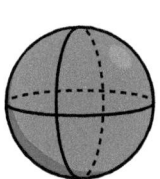
a lontu
соњаи

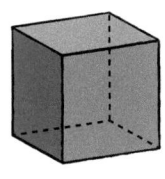
a kubus
мукааб

kloru
рангҳо

witi
гулобӣ

geri
хокистаранг

alanya
зард

ròs
бунафшранг

redi
сурх

lila
қаҳваранг

blaw
кабуд

grun
сиёҳ

broin
кабуд

grei
сафед

blaka
сабз

difrenti
мухолифат

tumsi / wanwan

бисёр/кам

atibron / tiri

хашмгин / ором

moi / takru

зебо/безеб

begin / kba

оғози / охири

bigi / ptyin

калон/хурд

lekti / dungru

дурахшон / торик

brada / sisa

бародари / хоҳар

krin / doti

тоза/чиркин

krinkrin / no bun nofo

пурра / нопурра

dei / neti

рӯзи / шаб

dede / libi

мурдагон / зинда

bradi / smara

кушод/танг

kan nyan / no kan nyan

хӯрданӣ / хӯрданашаванда

takru / bun

бад/нек

prisiri / ferferi

ба ҳаяҷон / дилгир

fatu / fini

ғавс/борик

fosi / lasti

якум/охирин

mati / feyanti

Дӯсти / душмани

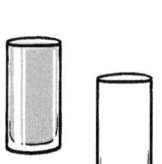

furu / leigi

пур/холӣ

tranga / safu

сахт/мулоим

hebi / lekti

вазнин/сабук

angri / dreineki

гуруснагӣ / ташнагӣ

siki / gesontu

бемор/солим

no gi pasi / tru

ғайриқонунӣ / ҳуқуқӣ

koni / don

соҳибақл / беақл

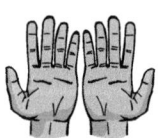

kruktu / leti

рост/чап

gi / fara

наздик/дур

difrenti - мухолифат

nyun / owru

нави / истифода бурда мешавад

noti / wan sani

ҳеҷ / чизе

owru / jongu

пир/ҷавон

leti / tapu

оид / хомӯш

opo / tapu

кушода/пӯшида

safu / tranga

паст/баланд

gudu / poti

бой/камбағал

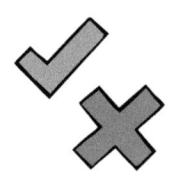

bun / fowtu

дуруст/нодуруст

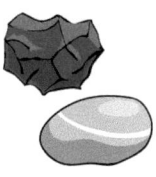

grofu / grati

дурушт/ҳамвор

sari / breiti

ғамгин/хушбахт

shatu / langa

кӯтоҳ/дароз

loli / esi esi

оҳиста/тез

nati / drei

тар/хушк

warang / kowru

гарм / сард

feti / freide

ҷанг / сулҳ

difrenti - мухолифат

den nomru
ададҳо

0 noti / нол

1 wan / як

2 tu / ду

3 dri / се

4 fo / чор

5 feifi / панҷ

6 siksi / шаш

7 seibi / ҳафт

8 aiti / ҳашт

9 neigi / нӯҳ

10 tin / даҳ

11 erfu / ёздаҳ

12
twarfu
дувоздаҳ

13
tin-na-dri
сенздаҳ

14
tin-na-fo
чордаҳ

15
tin-na-feifi
понздаҳ

16
tin-na-siksi
шонздаҳ

17
tin-na-seibi
ҳабдаҳ

18
tin-na-aiti
ҳаждаҳ

19
tin-na-neigi
нуздаҳ

20
twenti
бист

100
hondru
сад

1.000
dusun
ҳазор

1.000.000
milyun
миллион

den nomru - ададҳо

den tongo
забонҳо

Ingristongo

англисӣ

Amerkan Ingristongo

англисии амрикой

Sneisi Mandarijntongo

мандарини хитой

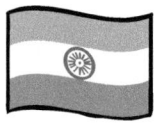

Hinditongo

ҳиндӣ

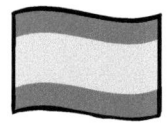

Spanyoro

испанӣ

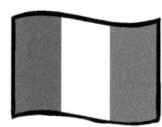

Frans

фаронсавӣ

Arabiatongo

арабӣ

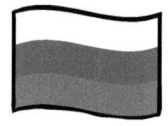

Rusitongo

русӣ

Potogisi

португалӣ

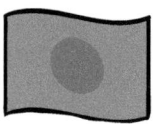

Bengalitongo

бенгалӣ

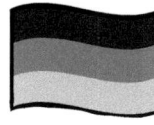

Doisritongo

олмонӣ

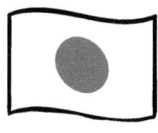

Japantongo

ҷопонӣ

suma / sang / fa
ки / чиро / тавр

mi
ман

yu
шумо

en / en / en
Ӯ / вай / он

unu
мо

yu
шумо

den
онҳо

suma?
ки?

san?
чӣ?

fa?
Чӣ хел?

pe?
дар куҷо?

oten?
кай?

a nen
ном

ре
дар кучо

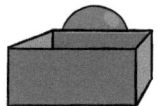

baka
аз паси

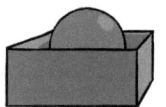

ini
дар

fesi
дар пеши

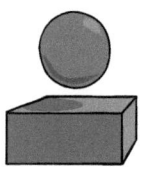

abra
дар болои

tapu
дар рӯи

ondro
дар зери

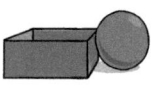

na sei
дар назди

mindri
миёни

presi
ҷой